Ernst Jandl zu Ähren

Wolfgang Brenneisen

hat Bücher geschrieben und Ausstellungen gemacht.
Weitere Informationen unter:
https://de.wikipedia.org/wiki/Wolfgang_Brenneisen

Wolfgang Brenneisen

Ernst Jandl zu Ähren

© 2024 Wolfgang Brenneisen
Herstellung und Verlag:
BoD – Books on Demand, Norderstedt
ISBN 9783758372216

Inhalt

Inhalt

Hat uns Ernst Jandl heute noch was zu sagen?

Hm. Weiß nicht. Vielleicht. Er hatte ja mal seine große Zeit, als er, in Kooperation mit dem Vienna Art Orchestra, die Säle füllte und die Zuhörer und Zuschauer mit seiner Performance begeisterte. Ein Lyriker vor einem Massenpublikum! Da hätte ein Goethe mit seinem zart gehauchten „Über allen Wipfeln ist Ruh" neben ihm alt ausgesehen.

Inzwischen ist einige Zeit verstrichen. Ernst Jandl ist vor einem Vierteljahrhundert gestorben, und kein Thronfolger hat ihn beerbt. Das wird damit erklärt, dass Jandl mit seiner Art des Gedichtvortrags eben unnachahmlich sei. Ein Monolith, ein erratischer Block in einer vergleichsweise sanft plätschernden lyrischen Dünung. Aber über die eindrucksvolle Akustik hinaus sind auch Jandls Texte in gedruckter Form nicht so recht zur Nachahmung oder Nachfolge geeignet. Wenn sich einer darauf einließe, hieße es gleich: Epigonal! Jandls Patschen sind dir zu groß, mein Lieber!

Ernst Jandl also eine Zeiterscheinung, ein Emanuel Geibel des 20. Jahrhunderts, an den wir uns zuweilen leicht amüsiert, aber auch etwas wehmütig erinnern? Ganz vergessen ist er nicht, denn aufgenommen wurde er in unsere lyrische Walhalla: Der Große Conrady – Das Buch deutscher Gedichte. In der dickleibigen Ausgabe von 2008 ist er mit zehn Gedichten vertreten. Allerdings stammen sieben Gedichte aus den 50er- und 60er-Jahren, ganze zwei aus den 70ern und lediglich ein einziges aus Jandls letztem Lebensjahrzehnt. Will uns der Herausgeber damit zu verstehen geben, dass die Schaffenskraft des Dichters im Alter nachgelassen hat? Dazu würde passen, dass die paar Gedichte, die auch heute noch in einer gehobenen, schöngeistigen Konversation zitiert werden (allerdings nur in handlicher Brockenform), in dieser „Frühzeit" geschrieben wurden. Mit ihnen hatte Jandl die Reputation eines „Sprachclowns" erworben. Mit den späteren Gedichten konnte die Leserschaft weniger anfangen.

Fast könnte man den Eindruck gewinnen, Ernst Jandl habe zuerst mit jugendlichem, geradezu kindlichem Übermut gedichtet, sei dann aber älter und reifer geworden und habe endlich zur eigentlichen, also ernsten Dichtung gefunden. Diese aber sei nur ihm geistig gewachsenen Lesern zugänglich, logischerweise also einer kleinen Minderheit.

Also ich muss sagen, diese Diskussion und Argumentation ist mir wurscht. Ich beantworte die in der Überschrift gestellte Frage rückhaltlos positiv. Ernst Jandl ist und bleibt für mich interessant und anregend. Der vorzüglichen „konkreten" Jandl-Biographie von Hans Haider (2023), die mit Fakten gespickt ist und dennoch ein plastisches Bild des Dichters zeichnet, entnehme ich mit Zufriedenheit, dass ich mit meiner Einstellung nicht allein stehe, ja ich lese von 13000 Followern bei einem Gedicht im Internet – das scheint sogar die guten alten Zeiten in den Schattten zu stellen, oder nicht?

Wenn ich kurze Video-Filme sehe und höre, die Ernst Jandl in Aktion zeigen, muss ich sagen: Da kommen die aktuellen Poetry-Slams nicht mit. Denn wenn man bei ihnen den Klamauk abzieht und den „Content" in Augenschein nimmt, offenbart sich, dass da die handwerkliche Solidität fehlt. Für Ernst Jandl hingegen war jedes einzelne Wort wichtig, ja jeder einzelne Buchstabe, wobei das oberflächlich betrachtet „Falsche" immer wohl kalkuliert war. Bloße Schnoddrigkeit war Jandls Ding nicht.

Ich halte nichts davon, die späteren Jandl-Gedichte gegen die früheren auszuspielen, um daran eine Entwicklung oder Reifung abzulesen. Das Oeuvre ist ein Ganzes. Die lustigen, scheinbar harmlosen Gedichte haben für mich dasselbe Gewicht wie die ernsten, „existenziellen", deren Thema menschliche Not und Verzweiflung ist.

Überhaupt ist lustig und ernst nicht so einfach voneinander zu trennen. Aus einer anderen Perspektive bekommt das Lustige eine fahle Färbung, das Lachen, zu dem wir eigentlich fest entschlossen sind, bleibt uns im Halse stecken. Nehmen wir etwa die drolligen „eulen". Das ist ja sehr amüsant, das kann der Höhepunkt eines Kindergeburtstags sein. Allerdings sind die letzten Zeilen eigentlich gar nicht lustig, sondern tief verstörend. Trotz des doppelten Bodens, in den wir schließlich eingebrochen sind, bleibt dennoch ein Nachhall des Amüsements. Und wenn wir das Gedicht wieder einmal lesen, können wir uns wieder ein Schmunzeln nicht verkneifen. Es ist eben wie in einer gute Komödie, die geradeso am Tragischen vorbeilaviert.

Man kann Ernst Jandl nicht so einfach einem Fach zuordnen, dem ernsten oder dem heiteren. Zwei Seelen wohnen, ach, in seiner Brust. Nach meinem Verständnis ist er ein Spieler. Er spielt mit Worten, er spielt mit Ideen, er spielt mit dem Leben. Wie wir spätestens seit Huizinga wissen, schließen sich Spiel und Ernst nicht aus, ein Spiel kann auch tödlich ernst sein.

Spielen bedeutet: mit dem Vorhandenen hantieren, es neu zusammensetzen, neue Regeln erfinden – und es wieder beiseite legen, denn es ist ja „nur" ein Spiel, und der Alltag mit seinen Regeln fordert wieder Beachtung. Aber auch wenn „nichts daraus geworden" sein sollte, so war die Spielerei, manchmal jedenfalls, nicht vergebens. Wir haben die Einsicht gewonnen, dass „es auch anders sein könnte". Wir haben einen Blick geworfen in eine andere, vielleicht utopische, vielleicht sogar bessere Welt.

Auf dieser Basis, also im Spiel, könnte die Sache mit Ernst Jandl weitergehen, im 21. Jahrhundert. Er ist nicht bloß am Schreibtisch in seinem Kämmerlein geblieben, sondern ist erfolgreich mit Jazzmusikern aufgetreten, etwa mit dem Vienna Art Orchestra oder der NDR-Bigband. Jazz & Lyrik also. Jandl hat aber auch manche seiner Gedichte kongenial mit eigenen Zeichnungen verbunden: Bild & Lyrik. Auf diesem Spielfeld habe ich nun weitergemacht. Dabei wähle ich ein anderes Verfahren als das übliche, nach dem ein vorgegebener Text möglichst zweifelsfrei, eins zu eins sozusagen, illustriert wird. Wenn also in einem Gedicht ein Knabe einem Röslein begegnet, zeichnet der Illustrator, logo, einen Knaben und ein Röslein. Links der Text in toto, rechts die parallele, eindeutige Bebilderung. Das ist zwar legitim, für mich aber etwas langweilig.

Mein Vorgehen hingegen werden gewiss nicht alle billigen. Ich nehme nämlich aus einem Gedicht eine oder mehrere Zeilen oder auch nur wenige Worte heraus und stelle sie in einen Bildraum, der aus einer oder zwei Seiten besteht – mal sehen, was da passiert. Natürlich ist das „aus dem Zusammenhang gerissen", doch die neue Komposition kann, zumindest für mich (und, wie ich hoffe, auch für eine erkleckliche Zahl von Followern), eine Aussage, einen Sinn ergeben. Der Text, den der Autor zusammengefügt hat, enthält nämlich, wie der Philosoph Otto Friedrich Bollnow (nicht zu verwechseln mit Mopsens Otto) begründet hat, mehr, als sich der Autor gedacht hat oder denken konnte.

Eine solche Bild-Text-Kombination ist eine neue Interpretation des Gedichtes. Jede Interpretation aber, wenn sie nicht völlig abwegig und abstrus ist, erweitert den Bedeutungsraum eines Textes. Ich bin nicht der Ansicht, dass der Autor die Bedeutung seines Gedichtes ein für alle Mal wie in einer Flasche abgefüllt hat. Was er sich beim Dichten gedacht hat, ist sicher ein wichtiger Hinweis, aber nie das Ende der Fahnenstange.

Abgesehen von den Bildern habe ich versucht, mich Ernst Jandl auch mit Texten anzunähern. Den Plagiatsvorwurf stecke ich ein und weg wie ein Boxer mit Nehmerqualitäten. Da ich mich nicht in der politischen Arena tummle, könnte mich nicht einmal der Verlust eines Doktortitels schrecken. Aber Spaß beiseite, hier geht es ja um ernste Dinge. Man könnte es beim Texten und Dichten so halten wie beim Jazz, wo man sich nicht scheut, „Standards" zu spielen, eine Art Gemeingut, auf das kein Alleinverwertungsanspruch besteht. Im Jazz nimmt auch niemand Anstoß, wenn ein Musiker Phrasen eines Kollegen aufgreift und nach Gusto variiert. In diesem Sinne verwende ich sprachliche Erfindungen von Ernst Jandl und denke mir nichts Böses dabei.

Zum Schluss noch eine kleine Fußnote: Das „falsche" Deutsch, das Ernst Jandl oft einsetzt, wird meist tiefsinnig als Engagement für die sprachlich Benachteiligten gedeutet („Gastarbeiterdeutsch"). Das mag so sein, aber über alle moralische Rechtschaffenheit hinaus hat es zweifellos auch einen humoristischen Beiklang – das ist der übermütige Jandl, der mit der Sprache spielt. Und was heißt da „falsch"? Vielleicht haben wir hier ein neues Derivat, vergleichbar dem Amerikanischen, das sich vom britischen Englisch abgenabelt hat. Die Linguistik sollte sich einmal unter diesem Aspekt ernsthaft mit dem Jandlschen Neusprech beschäftigen. „Die semantischen Valeurs des Infinitivs im lyrischen Oeuvre von Ernst Jandl" – da könnte sich doch ein hoffnungsvoller Doktorand Meriten erwerben.

Und noch eine zweite Fußnote. Vielleicht hätte sich der eine oder andere (kopfschüttelnde) Leser den Abdruck der kompletten Jandlschen Originaltexte gewünscht. Zum Vergleich, zur Abrundung des Bildes. Die Antwort darauf ist, dass zum einen die angesprochenen Texte im Internet leicht zugänglich sind. Zum anderen: Ich hätte mir die Abdruckrechte besorgen müssen, und das kann nach meinen traurigen Erfahrungen lange dauern. So habe ich mich mit Zitaten begnügt, die ich selbstverständlich mit der Jandlschen Duftmarke versehen habe.

Dem Luchterhand Literaturverlag sei hier im Namen aller Jandl-Follower dafür gedankt, dass er den Dichter unter seine Fittiche genommen hat und mit ihm durch dick und dünn gegangen ist, von einem Jahrhundert in das nächste.

mops

ottos mops trotzt

ottos mops kotzt

**virpiss
dich**

eulen

**bist
eulen**

bin eulen
ja ja j

will aber nicht
eulen sein
bin schon zu lang
eulen gewesen

j

wer einmal eulen war
der wird eulen bleiben immer
ja
ja ja

lesereise

Ernst Jandl
trifft in der Stadt B. ein.
Zwei hochrangige Vertreter
der Volkshochschule
bereiten ihm einen respektvollen,
gleichwohl warmen Empfang.

Die abendliche Lesung
in der Stadthalle
endet mit einem Tumult.
Ernst Jandl ist in diverse
Fettnäpchen getreten.
Etliche Zuhörer verlangen
ihr Eintrittsgeld zurück.

husten

hustn

hust hust hust
hä
hust hust hust

ich nix verstehn
du sprechen deutsch

ich dir nur
was hustn könnn
hust hust hust

so so

armes schwein

hut

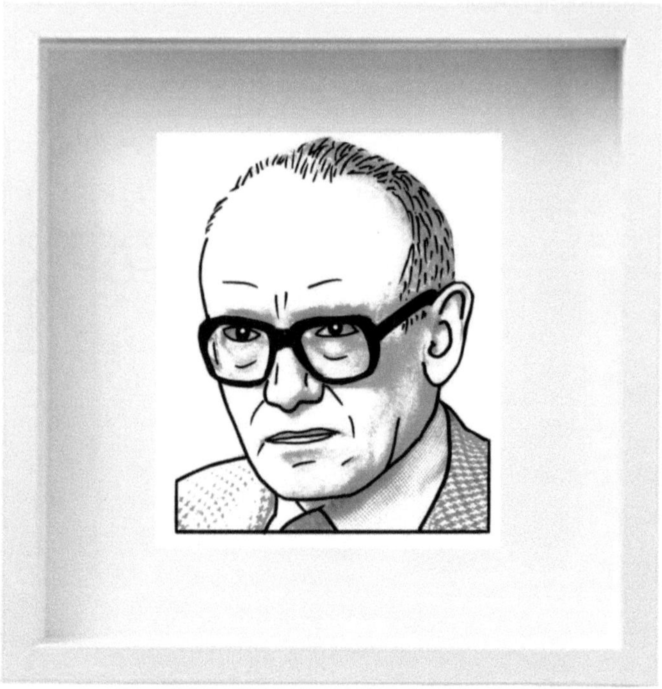

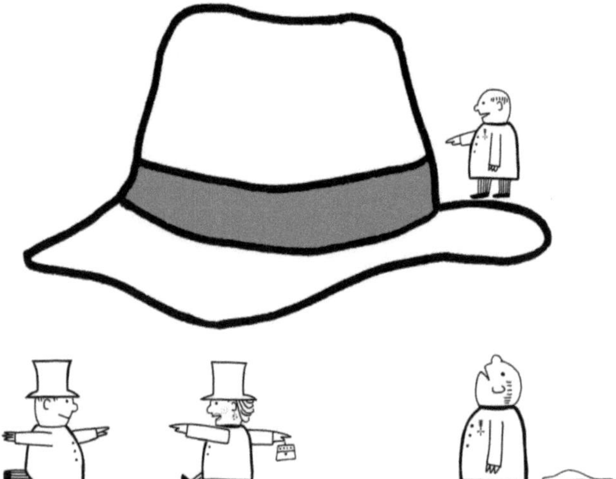

vor ernst jandl den hut ziehen
ernst den hut vor jandl ziehen
jandl ernst vor den hut ziehen
den hut ernst jandl vor ziehen
hut ernst vor den jandl ziehen
ziehen vor ernst den jandl hut

brasilien

ich was not yet
in brasilien

ich was not yet
in brasilien

ich was not yet
in brasilien ⓙ

Nach brasilien wuld ich laik du go ⓙ

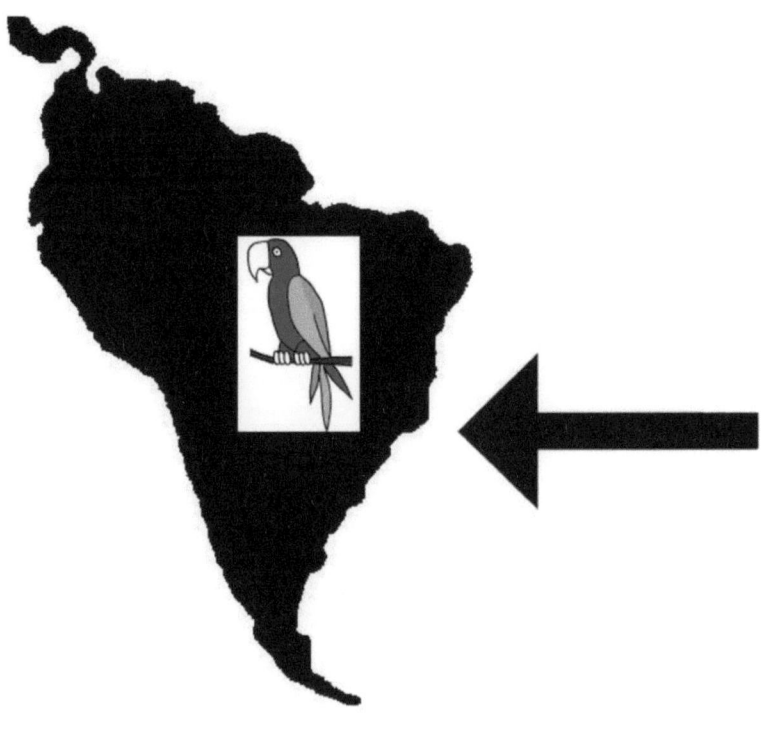

du idiot sein
immer schon
gewesen sein
in brasilien
yes yes

dichtkunst

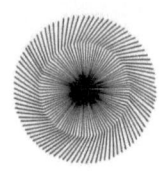

zeilen jeweils drei
fortlaufend numeriert
bis es ein stück sei

dadurch wisse er genau
woran beim schreiben
er denken müsse

Frankfurter Anthologie

Daß Ferd

daß Ferd hat
vir Beine
felt einer
dann fallt

Kosmologie

Hand aufs Herz – wären Sie nicht auch pikiert, ja schockiert, ausgerechnet solch ein Gedicht unter die Kleinodien der Frankfurter Anthologie eingereiht zu sehen? Ist das nicht formal ein schwerer Fall von Legasthenie und inhaltlich eine banale Aussage auf der Kippe zur Idiotie?

Gemach, geneigter Leser! Lassen Sie sich nicht von Äußerlichkeiten in die Irre führen. Der Autor, schätzungsweise sieben Jahre alt, ist durchaus mit dem siebenjährigen Mozart zu vergleichen, der bei Gott kein Idiot war und die Rechtschreibung ebenfalls mit der Nonchalance des Genies handhabe.

Bleiben wir bei den Fakten. Der Autor konstatiert einen phänomenologischen Befund: Vier Beine gut – drei Beine schlecht. Das scheint eine Platitüde zu sein. Aber Vorsicht! Versuchsweise könnte man ja dichten: „Der Melkschemel hat / drei Beine. / Fehlt eines, / fällt er um." Doch jeder nicht mit Blindheit Geschlagene wird sofort den ungeheuren Abstand zwischen dem Wort des Dichters und dem unbeholfenen Gestammel des Nachahmers erkennen. Die Zahl „vier" ist der geniale Wurf und verrät, dass der Autor in der Nachfolge des weisen Konfuzius steht. Es geht um nichts Geringeres als die große, großartige Ordnung des Kosmos. Wie das Haus auf vier Pfosten, so ruhen Himmel und Erde auf den vier Säulen des Ewigen Gesetzes.

Nun aber der Geniestreich des modernen Konfuzianers: Als Sinnbild der Großen Ordnung wählt er ausgerechnet das Pferd und seine vier Beine! Das ist kühn, das ist genial, ja fast schon revolutionär. Doch wir können sicher sein, dass der Altmeister diese „Erfindung" mit einem Kopfnicken gebilligt hätte. Dass eine Ordnung, die auf vier Beinen gegründet ist, auf dreien nicht bestehen kann, wird allen einleuchten. Jedes weitere Wort wäre zu viel.

Inhaltlich ist das Gedicht also ein Juwel – doch lässt die Form nicht sehr zu wünschen übrig? Mitnichten. Man mag einwenden, dass sich der Autor nicht einmal auf das Reimen versteht, denn in den Versausgängen schafft er allenfalls Assonanzen. Doch wieder mag ein kleiner Gestaltungsversuch Klarheit schaffen: „daß Ferd halt / vir Beiner / felt einer / dann fallt". Nun sind zwar die Reime perfekt, aber wie kläglich wirkt das Ganze! Und bringt nicht der Dichter durch die Vermeidung korrekter Reime, durch die vermeintliche Unvollkommenheit gerade die Bedrohung der kosmischen Ordnung trefflich zum Ausdruck?

Meisterhaft ist übrigens auch die Handhabung des Versmaßes. Nach dem Auftakt drei muntere Daktylen, als würde das Pferdchen fröhlich durch die Landschaft galoppieren – bis es, plötzlich dreibeinig, - plumps- „fallt", also mit einer dumpfen, echolosen Hebung unwiderruflich in den Abgrund stürzt.

Nun geht Ihnen wahrscheinlich ein Licht auf: Auch die vermeintliche „Legasthenie" hat ihren guten Sinn. „daß", gleich am Anfang, mit dem scheinbar falschen scharfen s lässt unwillkürlich an die Schärfe einer möglichen Amputation denken. „Ferd" – da fehlt sozusagen der Kopf, es wird also sehr subtil angedeutet, dass die Bedrohung der Ordnung von überall her erfolgen kann. „vir" hat nur drei Buchstaben – na, dämmert es Ihnen? In dem angeblich falschen „felt" ahnen wir auch ein schicksalhaftes „fällt". Vielleicht fällt einer, nämlich ein Bösewicht, das wackere Pferdchen. Mit dem oberflächlich betrachtet inkorrekten „einer" verweist der Dichter in Wahrheit auf den „Fuß", das heißt, wenn auch nur der unterste, scheinbar geringfügigste Teil des Beines fehlt, kracht das Ganze zusammen.

Und schließlich: Drückt nicht das stutzen machende „fallt" den fatalen, abgrundtiefen Fall des kosmischen Urpferdes unübertrefflich aus? Ein grammatikalisches Subjekt braucht es da nicht mehr, denn es ist sozusagen alles im Eimer.

Wir verneigen uns in Ehrfurcht vor dem Meisterwerk des unbekannten kleinen Dichters und hoffen, dass es sein einziges Werk geblieben ist.

eulen - zwo

eule mit keule
eule mit keule
eule mit keule
im finstern wald

aber die füchse
aber die füchse
aber die füchse
lässt das ganz kalt

rechts links

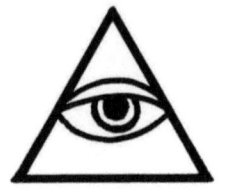

manche meinen
lechts und rinks
kann man nicht
velwechsern

 **rechts**

links

ⓙ

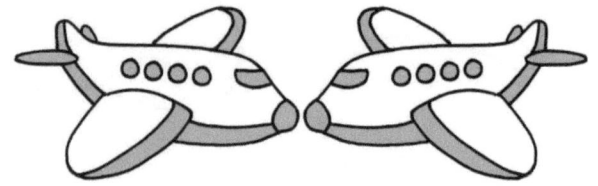

lechts

depp

my own song

ich
will
nicht
sein
so
wie
ihr
mich
wollt ⓙ

tassen

stellen sie die tassen auf den tesch

perdon

die tassen auf den tesch

perdon

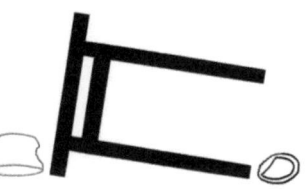

hununtergefollen

wunder

es ist ein fliegen
in der ecke
tot tot tot

doch siehe sieh
der fliegen
steigen auf und
fliegt fliegt fliegt

jandl im wandl

tür auf
einer rein
einer raus
manne klaus

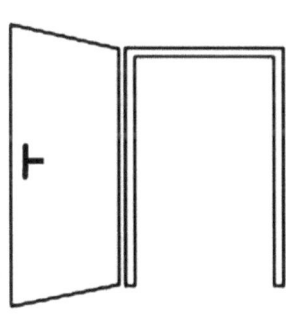

kultur muss ein

tür auf
einer raus
einer rin
gottfried binn

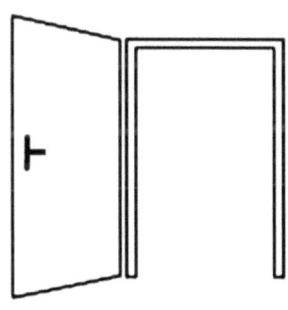

kultur muss ein

tür auf
einer rein
einer raus
richard strauss

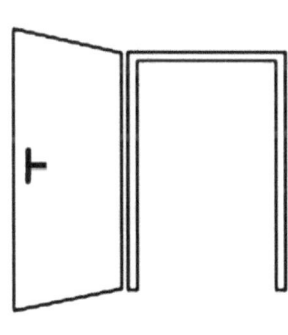

kultur muss ein

tür auf
einer raus
einer rein
jandl sein

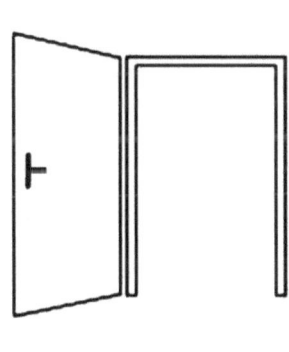

kultur muss ein

concrete

I love
concrete ⓙ

but i am not

Ⓙ

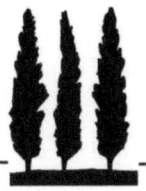

a concrete pot

j

lachen

loch ⓙ

loch doch

üch loch

müch

kronk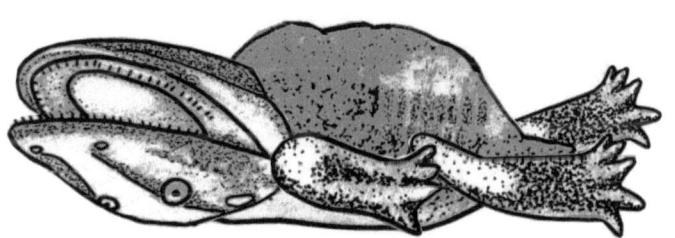

meistergedicht

#1   JWG

ein schön starck gedicht

wind windet
wand wandet
wund wundet
hemd hemdet
hond hondet
jandl jandlt

walte
balde
waldest
du auch

alltagsgedicht

bette stellen sie das gedecht auf den tesch

gedreck auf tesch

poäsii
ge
decht

na also

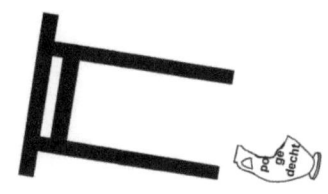

hununtergefollen

ⓙ

einstellung

grau in
grau
und
gar nicht
traurig ⓙ

orden

orden orden
viele orden
ja ja

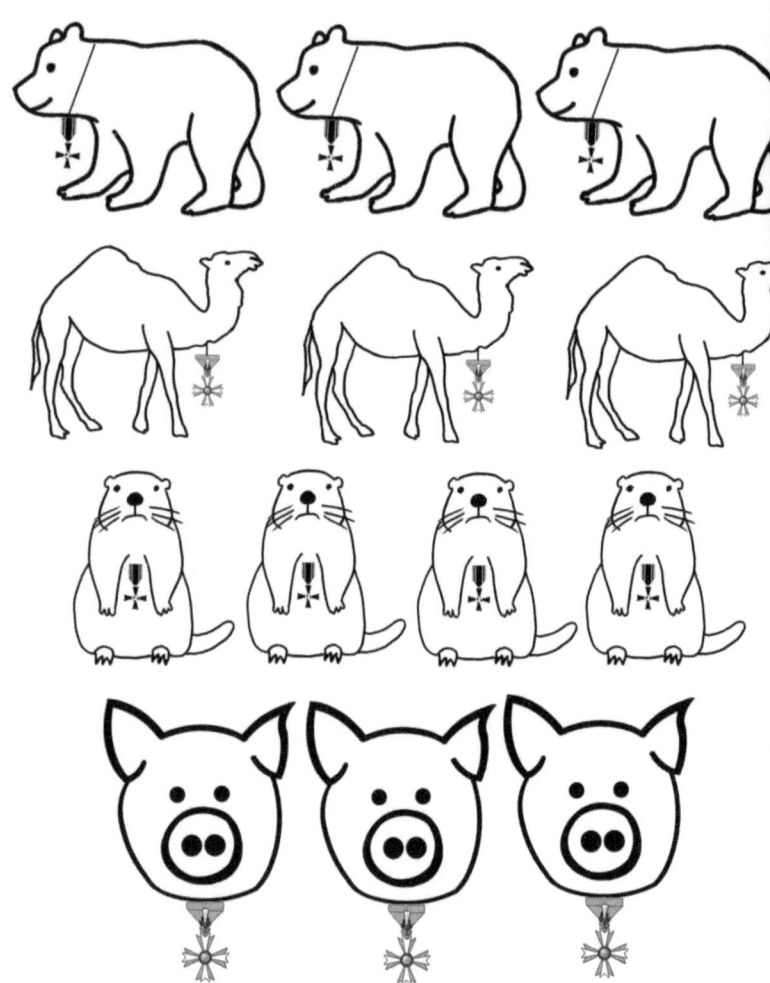

orden im norden
im süden im westen
orden so viele
ja ja

alle haben orden
will auch
orden haben
ja ja

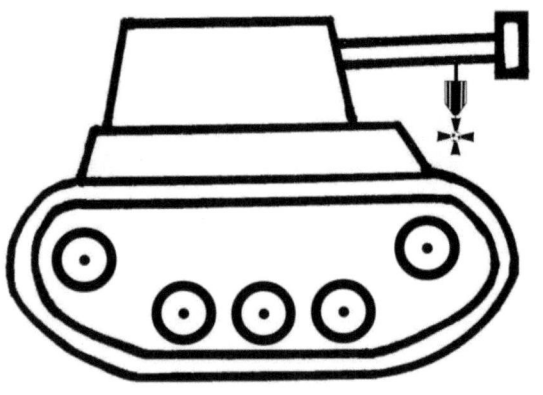

achtung

erst morden
dann orden

aber ja doch
ja ja

reinkarnationen

Wer bin ich? Wer war ich? Wer werde ich sein?

An geraden Tagen habe ich die Gewissheit, früher Heinrich VIII. gewesen zu sein. An ungeraden dagegen möchte ich schwören, ich sei Heinrich VII. gewesen. Gerade oder ungerade – Jandl schaut mich skeptisch an, wenn ich davon erzähle. „Brenner", sagt er, „du spinnst!" Er nennt mich Brenner, das gehe ihm als Österreicher leichter von den Lippen, sagt er. Dann erzählt er, früher, im 18. Jahrhundert, sei er eine Haarbürste gewesen. Ich versuche ihm das auszureden, jedoch ohne Erfolg. Nach einiger Zeit hat er das wieder vergessen, und ich hüte mich, das leidige Thema anzusprechen.

gemeinde

was ich weiß
sind die gedichte
die ich schrieb
für euch
o freunde
meine liebliche
gemeinde

sale

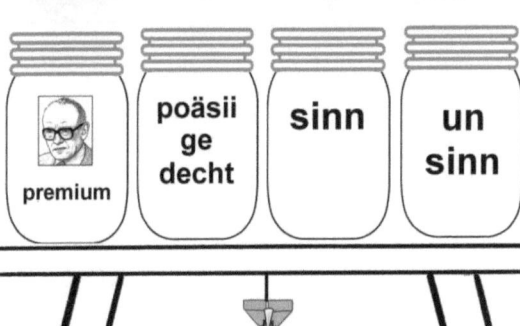

| premium | poäsii ge decht | sinn | un sinn |

copyright

koppi rait

koppi rong

koppi auf

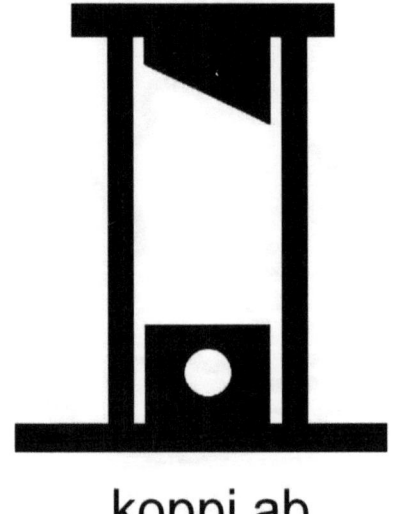

koppi ab

Das Gedicht vom Urheberrecht

Wer in anderen
als den gesetzlich zugelassenen Fällen
ohne Einwilligung des Berechtigten
ein Werk oder eine Bearbeitung
oder Umgestaltung eines Werkes
vervielfältigt, verbreitet
oder öffentlich wiedergibt,
wird mit Freiheitsstrafe bis zu drei Jahren
oder mit Geldstrafe bestraft.
Der Versuch ist strafbar.

richtiges gedicht

richtiges gedicht

oh oh oh
gedicht sein
ganz falsch

gedicht
muss reimen
muss scheinen
muss schleimen

oh oh oh

weihnachtslied

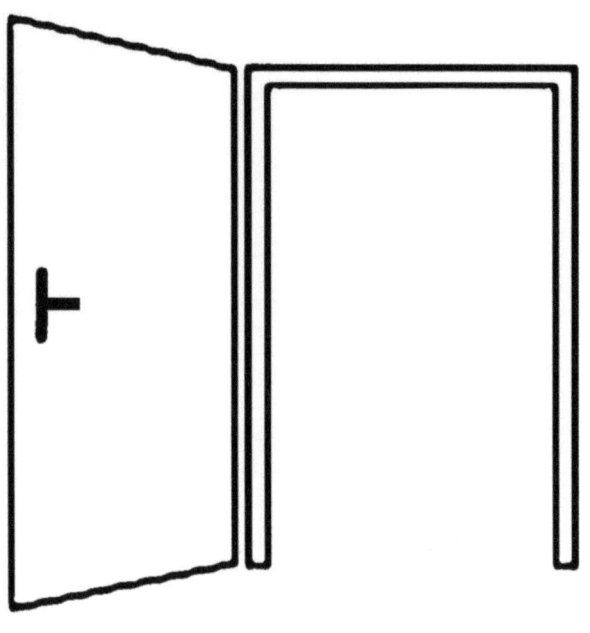

machet auf den türel

dann kann herein
das herrel

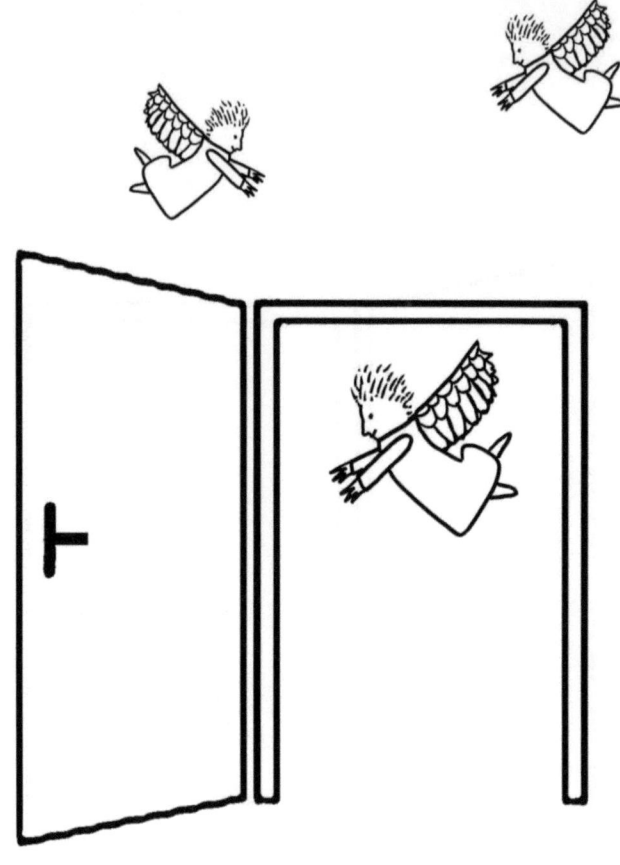

froe weihnacht
froe weihnacht

ⓙ

und ich bin nur
ein hund

Wien, 15.6.1995

ERNST JANDL.

Sehr geehrter Herr Brenneisen,

ich danke für Ihre Zeilen vom 1.4.95 und für Ihren Beitrag "Wolf im Schafspelz" in der Frankfurter Anthologie. Die Wörter "versenken" und "patschen" sind von Ihnen völlig korrekt interpretiert worden. Abgesehen davon, daß Ihre "Interpretation" sehr amüsant ist, sagt sie Wichtiges über die gegenwärtige Lyrik und spricht mir aus der "Seele", bzw. dem Herzen. Herzlichst Ihr

Ernst Jandl

versenken

diese gedichte sind nicht zum laut lesen

sondern zum sich darein versenken

ⓙ

und
die goschen
zu halten

j

poäsii
ge
decht

hinstellen
umfallen
aufrichten

hinstellen
umfallen
aufrichten

hinstellen
umfallen
aufrichten

umstellen
hinrichten
fallen

Quellenangaben

Selbstverständlich habe ich mich bemüht, genau anzugeben, woher die Zitate stammen. Ich selbst habe sie zum Teil aus obskuren Quellen, wenn ich mir zum Beispiel im Laufe meines Lebens aus diversen Zeitungsartikeln allerlei herausgeschrieben habe. Egal, die Urmutter aller Jandl-Zeilen ist der Luchterhand Literaturverlag. Freundlicherweise hat der Verlag auf seiner Website alle Gedichttitel und alle Anfangszeilen aufgeführt und zugleich die Seite angegeben, wo die Texte in der kanonischen 10-bändigen Jandl-Werkausgabe zu finden sind. Mit etwas Scharfsinn kann also jeder Interessierte ad fontes gelangen. Zudem habe ich alle Originalzeilen mit einem Jandl-Qualitätssiegel versehen. Ⓙ

Jandl-Gedichte
Titel und erste Zeilen, in diesem Buch gewürdigt auf Seite:

edition imme

Wolfgang Brenneisen
Sei einfach, einfach du selbst!
15 Gedichte
Books on Demand, Norderstedt
ISBN 9783750492684

Wolfgang Brenneisen
15 moderne Gedichte
im kleinen roten Buch
Books on Demand, Norderstedt
ISBN 9783756211791

Wolfgang Brenneisen
ETA Hoffmann
in Callot's Manier
Books on Demand, Norderstedt
ISBN 9783756217854

Wolfgang Brenneisen
Warten auf Godot
unverschämt modern inszeniert
Books on Demand, Norderstedt
ISBN 9783756820887

Wolfgang Brenneisen
Geschichten aus Absurdistan
Books on Demand, Norderstedt
ISBN 9783738634501